Elegante Häkelketten

Häkelketten sind derzeit topaktuell und gefragt wie noch nie – ein Muss für jeden Liebhaber ausgefallener Schmuckstücke. Lassen Sie sich von der Vielfalt der Gestaltungsmöglichkeiten überraschen.

Die verschiedenen Techniken werden Ihnen in Bild und Text ausführlich und präzise erklärt. Wie variantenreich sich diese Techniken dann umsetzen lassen, zeigt eine außerordentliche Vielfalt an Modellen. Zahlreiche Tipps und Tricks unterstützen Sie bei der Arbeit und liefern Anregungen für weitere Gestaltungsideen. Mit diesen einzigartigen Schmuckstücken werden Sie sicherlich für Aufsehen sorgen und viel Anerkennung erhalten.

Ich wünsche Ihnen viel Freude beim Anfertigen und Tragen dieser eleganten Ketten.

Lydia Klös

Die wichtigsten Materialien

Glasschliffperlen sind leicht oval geformt und in vielen Größen und Farben erhältlich.

Kristall-Schliffperlen von Swarovski® schimmern durch die besondere Art ihres Schliffes und die spezielle Zusammensetzung des Glases fast wie Diamanten.

Renaissance-Glaswachsperlen sind siebenfach gewachste Glasperlen mit einem besonders edlen Schimmer.

Miraclebeads schimmern bei Lichteinfall geheimnisvoll.

Rocailles sind kleine Glasperlen ohne Schliff und werden in Durchmessern von 2-2,6 mm verwendet. Die Farbauswahl ist hier besonders groß.

Miyuki-Rocailles sind besonders hochwertige Rocailles des japanischen Herstellers Miyuki, die sich durch ihre Gleichmäßigkeit und ihre vergleichsweise großen Fädellöcher auszeichnen.

Delicas sind zylindrisch geformte Rocailles höchster Qualität aus Japan.

Glasstifte werden aus dünnen, langen Glasrohren geschnitten.

Garn ist als feines, glänzendes Häkelgarn oder schimmernde Knopflochseide in großer Farbauswahl erhältlich.

Kettelstifte sind Drahtstifte mit einer kleinen Öse am Ende.

Perl- oder Endkappen bilden einen schönen Kettenabschluss.

Verschlüsse gibt es in vielen verschiedenen Varianten.

Hinweis: Die Mengenangaben bei den einzelnen Ketten und Armbändern sind als Durchschnittswerte zu sehen. Die letztendlich benötigte Menge variiert je nach Größe der Luftmaschen und hinsichtlich der gewünschten Ketten- oder Armbandlänge.

Hilfsmittel

Häkelnadel
Je nach Garnstärke und Perlengröße werden Häkelnadeln der Stärke 0,75–1,5 benötigt.

Perlennadel oder Big-Eye-Nadel
Für das Auffädeln von Perlen auf Garn.

Rundzange
Zum Biegen von Ösen.

Flachzange
Sie dient zum Öffnen und Schließen von Ösen.

Seitenschneider
Zum Kürzen von Kettelstiften.

Schmuckkleber oder Zwei-Komponenten-Kleber
Zum Fixieren der End- bzw. Perlkappen an den Strangenden.

So wird's gemacht

Perlen auffädeln

Zunächst mithilfe einer Perlennadel sämtliche Perlen entsprechend der abgebildeten Reihenfolge auf das Garn auffädeln. Das Garn keinesfalls abschneiden, sondern die Perlen zur Garnrolle hinschieben und den Faden immer wieder durch alle Perlen hindurch nachziehen.

Häkeln

Rundhäkeln mit einem Bogen

1 Ca. 20 cm Garn stehen lassen und eine Luftmasche häkeln. Das Garn fest anziehen und die erste Perle bis zur Luftmasche schieben. Das Garn hinter dieser Perle mit der Nadel fassen und durch die Schlaufe ziehen.

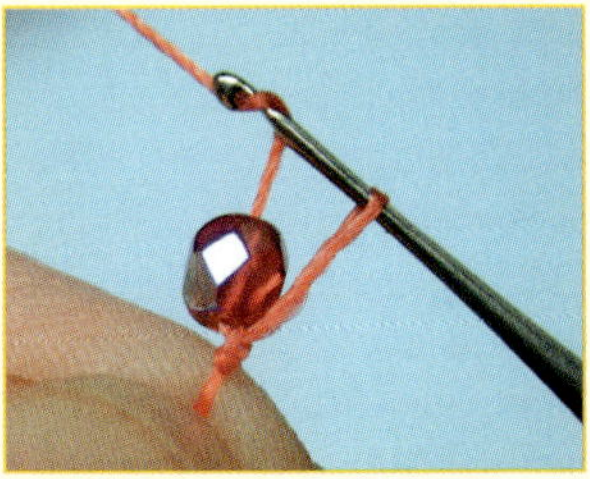

2 Mit der Nadel so in die gerade gehäkelte Masche stechen, dass die Perle vor der Nadel liegt. Die nächste Perle zur Arbeit schieben, den Faden hinter der Perle fassen und durch beide Schlaufen auf der Nadel ziehen.

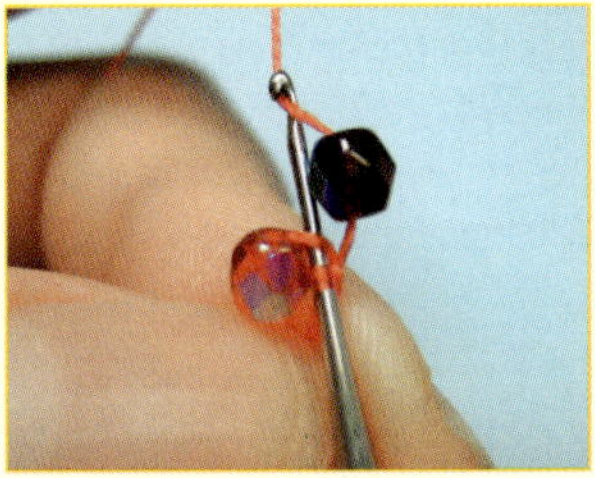

3 In gleicher Weise spiralförmig weiterhäkeln. Mit der Nadel jeweils in die zuvor gehäkelte Masche stechen und die folgende Perle heranschieben. Nach Erreichen der gewünschten Länge eine Luftmasche häkeln, den Faden nach ca. 20 cm abschneiden und das Fadenende durch die Luftmasche ziehen.

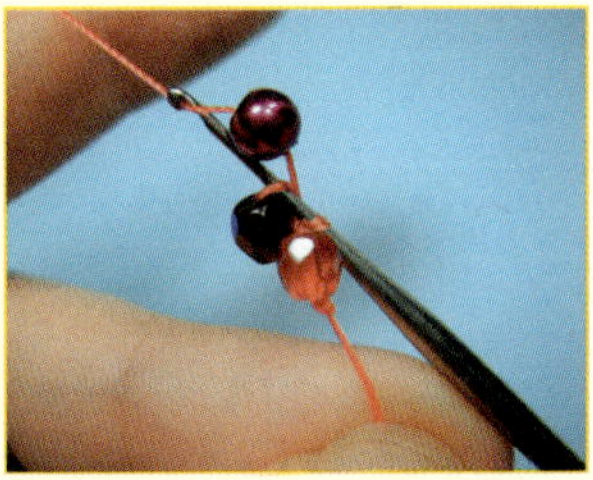

Rundhäkeln mit zwei bis drei Bögen

1 Ca. 20 cm Faden stehen lassen und acht Luftmaschen häkeln. Diese mit einer Kettmasche zum Ring schließen.

2 Für den ersten Bogen eine Perleneinheit (einen Stift oder eine 4 mm große Perle und vier Rocailles) bis zum Ring schieben, mit der Nadel durch die dritte Luftmasche stechen und den Faden hinter diesen Perlen mit der Nadel fassen.

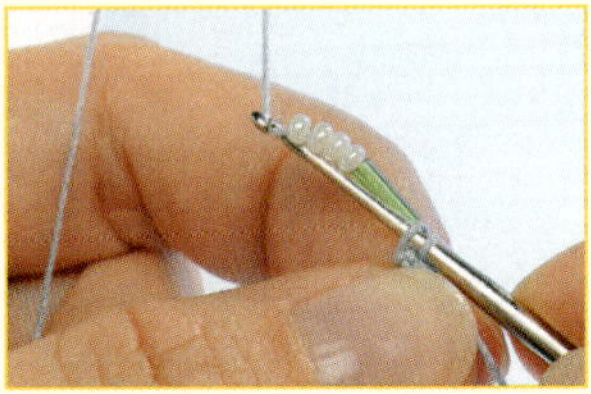

3 Den Faden durch beide Schlaufen ziehen.

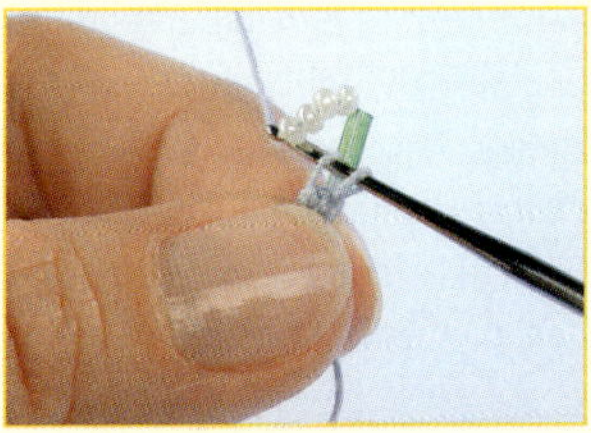

So wird's gemacht

4 In gleicher Weise zwei weitere Bögen in die sechste und achte Luftmasche einhängen.

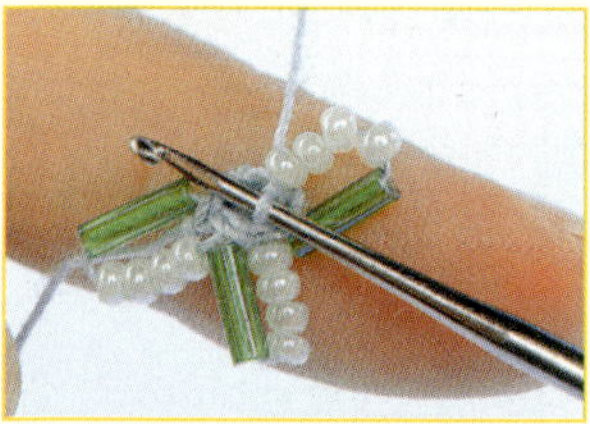

5 In der zweiten Runde die Nadel durch den ersten Bogen der vorherigen Reihe zwischen der großen Perle bzw. dem Glasstift und den vier Rocailles führen und die nächste Perleneinheit zur Arbeit schieben. Die große Perle bzw. der Glasstift liegt hinter und die Rocailles vor der Nadel.

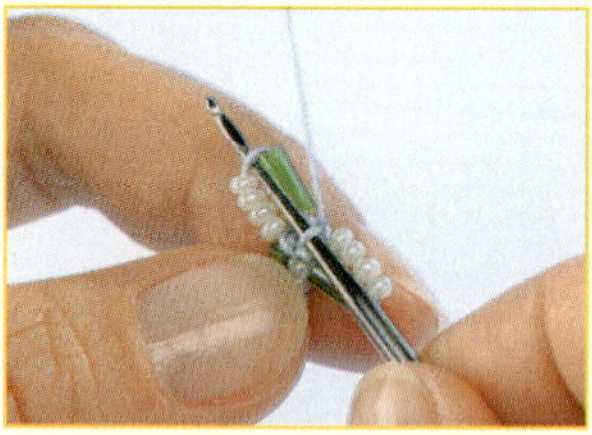

6 Das Garn hinter der Perleneinheit fassen und zwischen der großen Perle (dem Glasstift) und den Rocailles durch den Bogen und die Schlaufe auf der Nadel ziehen. Anschließend eine kleine Luftmasche häkeln. Das Garn in beiden Fällen fest anziehen, damit die Arbeit nicht zu locker wird. Auf diese Art Bogen für Bogen arbeiten. Während der ersten drei Runden die Arbeit möglichst nicht aus der Hand legen, um die Orientierung nicht zu verlieren.

7 Spiralförmig weiterhäkeln, bis die gewünschte Länge erreicht ist. Die letzte Runde ohne Perlen häkeln. Das Garn nach ca. 20 cm abschneiden und das Garnende durch die letzte Masche ziehen.

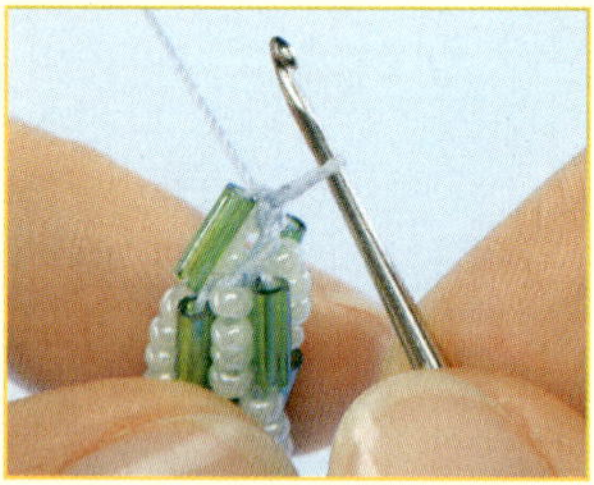

Hinweis: Für Ketten mit zwei Bögen sechs Luftmaschen zum Ring schließen und den ersten Bogen in die dritte Luftmasche und den zweiten in die sechste Luftmasche einhäkeln. Mit zwei Bögen weiterarbeiten.

Rundhäkeln im Schlauch (Schlauchketten)

1 Ca. 20 cm Garn stehen lassen und eine Luftmasche häkeln. Das Garn fest anziehen und die erste Perle bis zur Luftmasche schieben. Das Garn hinter dieser Perle mit der Nadel fassen und durch die Schlaufe ziehen.

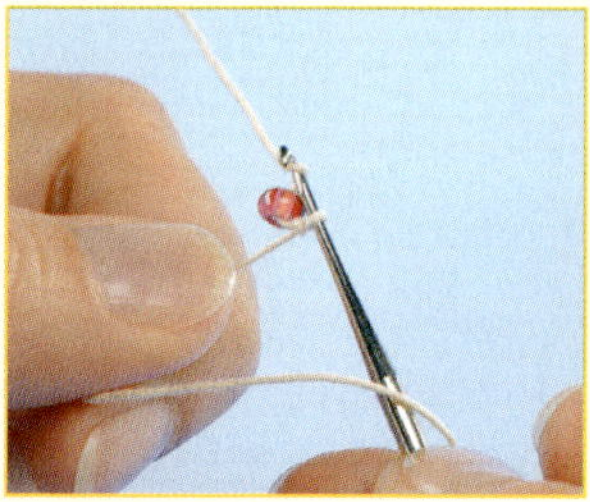

2 In gleicher Weise insgesamt sechs Luftmaschen (bzw. sieben, fünf oder drei für die Schlauchketten aus Glasschliffperlen) mit Perlen häkeln. Mit der Nadel so in die erste Luftmasche mit Perle stechen, dass die Perle hinter der Nadel liegt. Das Garn etwas anheben und die Perle dadurch auf die Seite kippen. Die Perlenöffnung zeigt nach oben. Die nächste Perle zur Arbeit schieben.

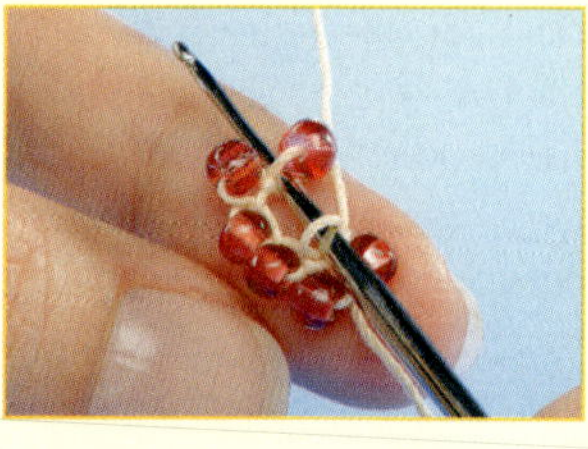

3 Das Garn hinter dieser Perle mit der Nadel fassen und durch die beiden Schlaufen auf der Nadel ziehen. Die neue Perle sollte nun hochkant auf der darunter seitlich liegenden Perle stehen. Mit dieser ersten Masche der zweiten Runde wird zugleich der Kreis geschlossen.

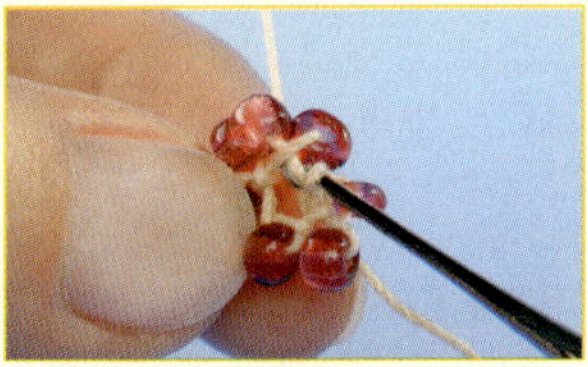

4 In gleicher Weise spiralförmig weiterhäkeln. Mit der Nadel jeweils in die darunterliegende Masche stechen, die Perle hinter der Nadel zur Seite kippen und die folgende Perle heranschieben. Beim Einhäkeln darauf achten, dass das Garn immer über den Perlen geführt wird und die neue Perle über die darunterliegende Perle gleitet. Am Anfang kann es hilfreich sein, die untere Perle dabei mit dem Fingernagel abzudecken. Die neue Perle gleitet dann automatisch in die richtige Position.

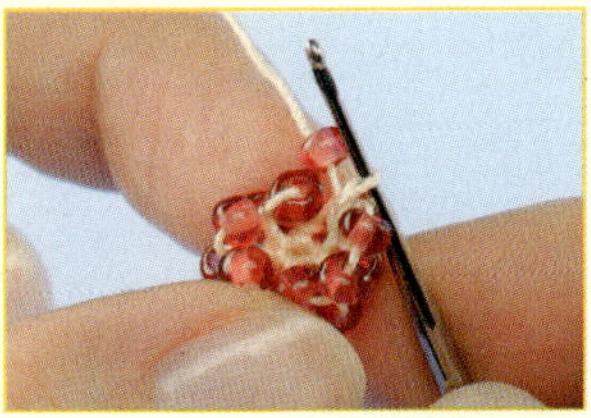

5 Wenn die gewünschte Länge erreicht ist, die letzte Runde ohne Perlen häkeln. Den Faden nach ca. 20 cm abschneiden und das Fadenende durch die letzte Masche ziehen.

Hinweise: Für Anfänger sind Ketten mit einfacher Streifenfolge (siehe Seite 10/11, 22/23 und 32) am besten geeignet. Da hier die Farben übereinanderliegen, erkennt man leicht, wo man einstechen muss bzw. wenn sich ein Fehler eingeschlichen hat.

An nicht auf der Seite liegenden Perlen erkennt man gleich nicht korrekt eingehäkelte Perlen. Nur die Perlen der obersten Reihe liegen hochkant.

Während der ersten Runden die Arbeit möglichst nicht aus der Hand legen, um die Orientierung nicht zu verlieren. Nur sehr dünne, reißfeste Häkelgarne verwenden. Knopflochseide eignet sich hier weniger.

Abschluss

Endkappen mit Schmuckkleber oder Zwei-Komponenten-Kleber aufkleben und am besten über Nacht gut trocknen lassen. Auch Holzexpressleim eignet sich hier gut. Das Fadenende zuvor gut vernähen.

Verschlüsse annähen, indem das Fadenende mehrfach durch die Öse des Verschlusses und das Kettenende geführt und dann vernäht wird.

Perlkappen mit Kettelstiften befestigen, indem das Fadenende mehrfach durch die Öse des Stiftes und das Kettenende geführt und dann vernäht wird. Eine Perlkappe auf den Kettelstift fädeln, das Stiftende zu einer Öse biegen und den Verschluss einhängen. Alternativ kann auch durch die Öffnung der Perlkappe hindurch ein Verschluss direkt angenäht werden.

Tipps & Tricks

▸ Mit einem Verlängerungskettchen können Sie die Länge Ihrer Kette jedem Ausschnitt anpassen und auch wider Erwarten zu kurz geratene Ketten verlängern.

▸ Auf einer speziellen Fädelmatte oder einer Moosgummiplatte rollen bzw. springen die Perlen nicht so leicht weg und sind leichter aufzufädeln. Wenn Sie darauf die Perlen gleich in der benötigten Reihenfolge in kleinen Häufchen aufschichten, geht das Auffädeln noch schneller.

▸ Bei längeren Perlenfolgen empfiehlt es sich, die Perlenfolge einmal separat aufzufädeln und neben die Perlen zu legen. Die neu aufgefädelten Perlen immer wieder mit diesem Muster vergleichen. Auffädelfehler fallen so am ehesten auf.

▸ Stellt sich während des Häkelns heraus, dass die Perlenfolge nicht stimmt, können einzelne Perlen entfernt werden. Zuvor eine nicht zu dünne Perlennadel durch die betreffende Perle schieben, damit das Garn dabei nicht zerschnitten wird. Die Perle mit Nadel in ein feuchtes Küchenpapier wickeln und mit einer Flachzange zerdrücken.

▸ Wenn Sie gegen Ende der Häkelarbeit feststellen, dass noch weitere Perlen benötigt werden, wickeln Sie eine entsprechend große Menge Garn von der Spule ab, durchtrennen das Garn und ergänzen die fehlenden Perlen.

▸ Fehlen Perlen oder reißt das Garn, empfiehlt es sich neu anzusetzen: Eine Luftmasche ohne Perle häkeln, das Garn nach ca. 20 cm abschneiden und das Garnende durch die Luftmasche ziehen. Die Perlen in korrekter Reihenfolge auf den übrigen Perlenstrang fädeln, ca. 20 cm Garn stehen lassen und eine Schlaufe legen. Bei Schlauchketten mit der Nadel vom Ketteninneren aus durch die Masche unterhalb dieser Luftmaschen nach außen stechen und die Schlaufe mit der Nadel ins Ketteninnere ziehen. Bei in Bögen gehäkelten Ketten noch einmal in den gleichen Bogen stechen. Der neue Faden und dessen Ende liegen außen. Beide Garnenden mit der Nadel greifen und durch die Schlaufe ziehen. Wiederum beide Enden anziehen, außen hängen lassen und mit dem neuen Faden weiterhäkeln. Die Garnenden später vernähen.

▸ Wenn Sie für das Annähen von Verschlüssen einen separaten Faden verwenden, kann der Verschluss später problemlos ausgetauscht werden, ohne dass die ganze Kette aufgeht.

▸ Rocailles können je nach Hersteller in Größe und Form recht unterschiedlich ausfallen. Je hochwertiger die Qualität der Rocailles ist, desto gleichmäßiger sind sie in der Form und Größe und desto gleichmäßiger fällt auch die Kette aus.

▸ Verwenden Sie größere oder kleinere als die angegebenen Rocailles, so wird die Kette entweder dicker oder dünner.

Trendiges Lila

→ solo oder edel kombiniert

Kette in Lila

1 Zunächst die abgebildete Perlenfolge acht Mal, dann die große Glaswachsperle und anschließend die Perlenfolge zwei Mal auffädeln.

2 Nach der Anleitung zum Rundhäkeln mit einem Bogen auf Seite 3 vorgehen. Wenn die große Glaswachsperle an der Reihe ist, die Garnschlaufe auf der Nadel lang ziehen, in die Perlennadel fädeln und damit durch die große Glaswachsperle ziehen. Die Schlaufe hinter der Perle wieder mit der Nadel greifen, das Garn anziehen, bis eine kleine Schlaufe auf der Nadel liegt und weiterhäkeln.

3 Für den zweiten Kettenstrang die abgebildete Perlenfolge acht Mal auffädeln, dann den Faden erneut durch die große Glaswachsperle führen und anschließend die Perlenfolge eineinhalb Mal auffädeln. Mit der Glaswachsperle enden und noch eine Swarovski®-Kristall-Schliffperle hinzufügen. Die Perlen wie in Schritt 2 beschrieben einhäkeln.

4 Den Verschluss annähen und die Garnenden vernähen.

Perlenfolge

Tipp: Zu dieser Kette passt auch gut eine große, lilafarbene Glasperle.

LÄNGE

Kette in Lila ca. 66 cm

MATERIAL KETTE IN LILA

- ca. 20 Swarovski®-Kristall-Schliffperlen in Violett, ø 6 mm
- ca. 39 Glaswachsperlen in Lila, ø 6 mm
- Glaswachsperle in Lila, ø 1,4 cm
- ca. 39 Glaskraqueleperlen in Lila, ø 6 mm
- Farfalle-Glasperlen in Kristall mit Farbeinzug in Lila, ø 6,5 mm, ca. 20 g
- 1 Dose Metallic-Würfel in Lila, 3 mm lang (ca. 13 g)
- einreihige Schließe mit zwei kleinen Ösen in Platin
- Häkelgarn in Lila

WEITERFÜHRUNG

Trendiges Lila

LÄNGE
Kette in Schwarz-Lila-Türkis
ca. 53 cm

KETTE IN SCHWARZ-LILA-TÜRKIS

- ca. 88 Miraclebeads in Lila-Türkis, ø 4 mm
- 1 Dose Metallic-Würfel in Lila, 3 mm lang (ca. 8 g)
- 1 Dose Glaschips in Schwarz irisierend (ca. 35 g)
- Karabinerverschluss in Schwarz, 1,2 cm lang
- Öse in Schwarz, ø 6 mm
- Häkelgarn in Schwarz
- ggf. 2 Quetschkalotten in Schwarz
- ggf. Schmuckkleber

Kette in Schwarz-Lila-Türkis

1 Die Perlen gemäß der abgebildeten Perlenfolge auffädeln, bis alle Miraclebeads verbraucht sind.

2 Nach der Anleitung zum Rundhäkeln mit einem Bogen auf Seite 3 vorgehen.

3 Den Karabiner und die Öse annähen und die Garnenden vernähen. Alternativ das Garn möglichst nah am Kettenende mehrfach verknoten und dahinter abschneiden. Jeweils eine mit etwas Kleber ausgestrichene Quetschkalotte darüberstülpen, mit der Flachzange zudrücken und den Karabiner und die Öse einhängen.

Perlenfolge

Tipp: Sie können die Perlenfolge auch beliebig erweitern, sollten dabei aber möglichst Perlen in der Größe von 3-8 mm verwenden.

Zarte Streifen

→ modisch elegante Schlauchketten

LÄNGE

Kette in Grau-Weiß ca. 45 cm
Kette in Braun-Gold ca. 47 cm

MATERIAL KETTE IN GRAU-WEISS

- je 1 Dose Miyuki-Rocailles in Kristall matt mit Silbereinzug, Dunkelgrau matt und Hämatit matt, ø 2,2 mm (je ca. 10 g), oder andere Rocailles in entsprechender Größe und Farbe
- 2 Endkappen zum Kleben mit Verschluss in Oxyd matt, ø 8 mm
- dünnes Häkelgarn in Schwarz oder Grau

KETTE IN BRAUN-GOLD

- je 1 Dose Miyuki-Rocailles in Helltopas, Topas und Dunkeltopas mit Silbereinzug, ø 2,2 mm (je ca. 12 g), oder andere Rocailles in entsprechender Größe und Farbe
- 2 Endkappen zum Kleben mit Verschluss in Gold, ø 8 mm
- dünnes Häkelgarn in Braun

Kette in Grau-Weiß

1 Gemäß der abgebildeten Perlenfolge einen ca. 3 m langen Perlenstrang auffädeln.

2 Nach der Anleitung zum Rundhäkeln im Schlauch auf Seite 4/5 vorgehen und mit sechs Perlen in der Runde arbeiten.

3 Die Garnenden vernähen. Die Endkappen mit Schmuck- oder Zwei-Komponenten-Kleber aufkleben und gut trocknen lassen.

Kette in Braun-Gold

1 Gemäß der abgebildeten Perlenfolge einen ca. 3,20 m langen Perlenstrang auffädeln.

2 Nach der Anleitung zum Rundhäkeln im Schlauch auf Seite 4/5 vorgehen und mit sechs Perlen in der Runde arbeiten.

3 Die Garnenden vernähen. Die Endkappen mit Schmuck- oder Zwei-Komponenten-Kleber aufkleben und gut trocknen lassen.

Perlenfolge

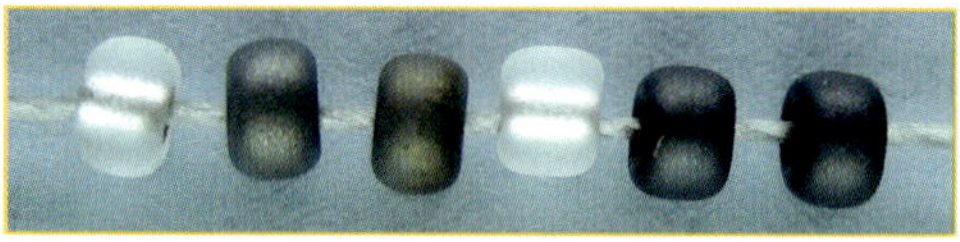

Häkelketten in Blau und Grün

→ matte Farben – edle Optik

LÄNGE
Kette in Blau ca. 47 cm
Kette in Grün ca. 45 cm

MATERIAL
KETTE IN BLAU

- ca. 264 Glaswachsperlen in Blau matt, ø 4 mm
- 1 Dose Miyuki-Rocailles in Montan matt rainbow, ø 2,2 mm (ca. 12 g), oder andere Rocailles in entsprechender Größe und Farbe
- 2 Endkappen zum Kleben mit Verschluss in Oxyd matt, ø 1 cm
- Häkelgarn in Dunkelblau

KETTE IN GRÜN

- ca. 255 Glaswachsperlen in Hellgrün matt, ø 4 mm
- 1 Dose Miyuki-Rocailles in Indian-Safir matt rainbow, ø 2,2 mm (ca. 12 g), oder andere Rocailles in entsprechender Größe und Farbe
- 2 Endkappen zum Kleben mit Verschluss in Silber matt, ø 1 cm
- Häkelgarn in Hellgrün

Ketten in Blau und Grün

1 Die Perlen jeweils gemäß der abgebildeten Perlenfolge auffädeln, bis alle Glaswachsperlen verbraucht sind.

2 Nach der Anleitung zum Rundhäkeln mit drei Bögen auf Seite 3/4 vorgehen.

3 Die Garnenden vernähen. Die Endkappen mit Schmuck- oder Zwei-Komponenten-Kleber aufkleben und gut trocknen lassen.

Tipp: Auch bei den rundgehäkelten Ketten mit zwei bis drei Bögen können Kettenabschnitte gearbeitet und eine oder mehrere Perlen dazwischen eingefügt werden. Orientieren Sie sich dabei an den Anleitungen auf Seite 20, 22 und 32.

Perlenfolge

Ketten mit zarten Glasstiften

→ sportlich und elegant zugleich

LÄNGE
Kette in Lila ca. 47 cm
Kette in Hellblau-Kristall ca. 46 cm

MATERIAL
KETTE IN LILA

- ca. 160 Glasschliffperlen in Tanzanit-Silber, ø 4 mm
- 1 Dose Miyuki-Glasstifte in Helllila mit Silbereinzug, 6 mm lang (ca. 5 g), oder andere Stifte in entsprechender Größe und Farbe
- 1 Dose Miyuki-Rocailles in Amethyst metallic, ø 2,2 mm (ca. 3 g), oder andere Rocailles in entsprechender Größe und Farbe
- 2 Perlkappen in Platin, 1 cm lang
- Karabinerverschluss in Platin: Herz, ø 1 cm
- Spaltring in Platin, ø 5 mm
- 2 Kettelstifte in Platin, 2,7 cm lang
- Häkelgarn in Lila

KETTE IN HELLBLAU-KRISTALL

- 1 Dose Glasstifte in Hellblau mit Silbereinzug, 6 mm lang (ca. 17 g)
- 1 Dose Rocailles in Kristall irisierend, ø 2,6 mm (ca. 17 g)
- 2 Endkappen zum Kleben mit Verschluss in Silber, ø 8 mm
- Häkelgarn in Weiß

Kette in Lila

1 Die Perlen gemäß der abgebildeten Perlenfolge auffädeln, bis alle Glasschliffperlen verbraucht sind.

2 Nach der Anleitung zum Rundhäkeln mit zwei Bögen auf Seite 3/4 vorgehen.

3 Gemäß der Anleitung auf Seite 5 einen Abschluss mit Perlkappen und Kettelstiften arbeiten.

Kette in Hellblau-Kristall

1 Gemäß der abgebildeten Perlenfolge einen ca. 2,60 m langen Perlenstrang auffädeln.

2 Nach der Anleitung zum Rundhäkeln mit drei Bögen auf Seite 3/4 vorgehen.

3 Die Garnenden vernähen. Die Endkappen mit Schmuck- oder Zwei-Komponenten-Kleber aufkleben und gut trocknen lassen.

Tipp: Scharfe oder abgesplitterte Stiftkanten können das Garn durchschneiden. Achten Sie daher auf eine gute Qualität der Stifte.

Perlenfolge

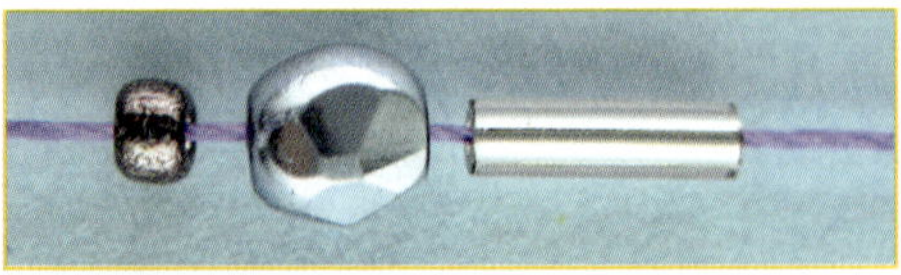

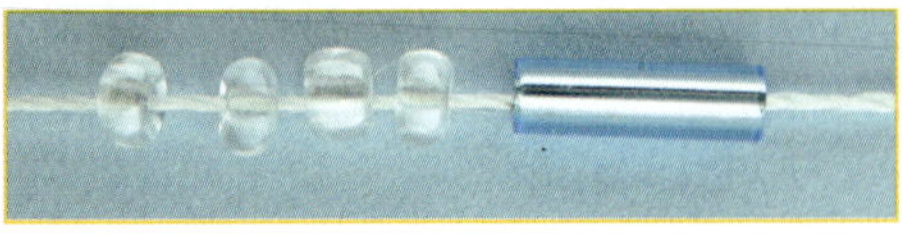

Warme Farben

→ nicht nur für den Herbst

LÄNGE

Kette in Orange-Grün ca. 50 cm
Kette in Brauntönen ca. 47 cm

MATERIAL KETTE IN ORANGE-GRÜN

- ca. 192 Miraclebeads in Orange-Grün, ø 4 mm
- 1 Dose Miyuki-Rocailles in Turmalin matt transparent, ø 2,2 mm (ca. 12 g), oder andere Rocailles in entsprechender Größe und Farbe
- 2 Perlkappen in Gold, 2,3 cm lang
- einreihige Schließe in Gold
- 2 Kettelstifte in Gold, 2,7 cm lang
- Häkelgarn in Olivgrün

KETTE IN BRAUNTÖNEN

- je ca. 83 Glaswachsperlen in Kultur, Hellbraun und Dunkelbraun, ø 4 mm
- 1 Dose Rocailles in Bronze matt, ø 2,6 mm (ca. 17 g)
- Endkappen zum Kleben mit Verschluss in Gold matt, ø 1 cm
- Häkelgarn in Braun

Kette in Orange-Grün

1 Die Perlen gemäß der abgebildeten Perlenfolge auffädeln, bis alle Miraclebeads verbraucht sind.

2 Nach der Anleitung zum Rundhäkeln mit zwei Bögen auf Seite 3/4 vorgehen.

3 Gemäß der Anleitung auf Seite 5 einen Abschluss mit Perlkappen und Kettelstiften arbeiten.

Kette in Brauntönen

1 Die Perlen gemäß der abgebildeten Perlenfolge auffädeln, bis alle Glaswachsperlen verbraucht sind.

2 Nach der Anleitung zum Rundhäkeln mit drei Bögen auf Seite 3/4 vorgehen.

3 Die Garnenden vernähen. Die Endkappen mit Schmuck- oder Zwei-Komponenten-Kleber aufkleben und gut trocknen lassen.

Tipp: Das Modell in Brauntönen eignet sich gut für Anfänger, da die unterschiedlichen Farben der drei Bögen die Orientierung erleichtern.

Perlenfolge

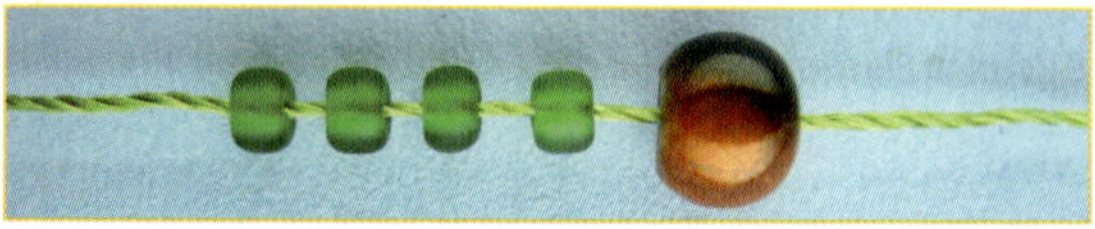

Pure Eleganz

→ Kette und Armband mit raffinierter Drehung

LÄNGE

Kette ca. 46 cm

Armband ca. 19 cm

MATERIAL KETTE UND ARMBAND

- 1 Dose Rocailles in Kupfertönen, ø 2,6 mm (ca. 17 g)
- 1 Dose Rocailles in Silbertönen, ø 2,6 mm (ca. 17 g)
- Verlängerungskettchen in Silber, ca. 6 cm lang
- Karabinerverschluss in Silber, 1,2 cm lang
- dünnes Häkelgarn in Creme

ZUSÄTZLICH KETTE

- ca. 75 Swarovski®-Kristall-Schliffperlen in Kristall irisierend, ø 4 mm
- ca. 75 Glaswachsperlen in Altrosa, ø 4 mm
- 2 Glaswachsperlen in Altrosa, ø 8 mm
- 2 flache Perlkappen in Silber, ø 7 mm

ZUSÄTZLICH ARMBAND

- ca. 92 Swarovski®-Kristall-Schliffperlen in Kristall irisierend, ø 4 mm
- ca. 92 Glaswachsperlen in Altrosa, ø 4 mm

Kette und Armband

1 Gemäß der abgebildeten Perlenfolge für das Mittelteil der Kette einen ca. 90 cm langen und für das Armband einen ca. 1,10 m langen Perlenstrang auffädeln.

2 Nach der Anleitung zum Rundhäkeln im Schlauch auf Seite 4/5 vorgehen und mit fünf Perlen in der Runde arbeiten. Durch die unterschiedliche Größe der Perlen dreht sich dabei die Kette.

3 Am Armband den Verschluss annähen und die Fadenenden vernähen.

4 Für die Seitenteile der Kette einen 2,20 m langen Perlenstrang aus kupfer- und silberfarbenen Rocailles im Wechsel auffädeln. Nach der Anleitung zum Rundhäkeln im Schlauch auf Seite 4/5 zwei 14,5 cm lange Kettenabschnitte mit sechs Perlen in der Runde arbeiten.

5 Die Garnenden des mittleren Kettenteils jeweils durch die großen Glaswachsperlen hindurchfädeln und mit den Garnenden der Seitenteile verknoten. Die Fäden mehrmals durch die Glaswachsperlen hin- und herführen und vernähen. Die Kettenenden mit den Perlkappen abdecken, die Verschlussteile durch die Öffnungen der Perlkappen hindurch annähen und die Garnenden vernähen.

Perlenfolge

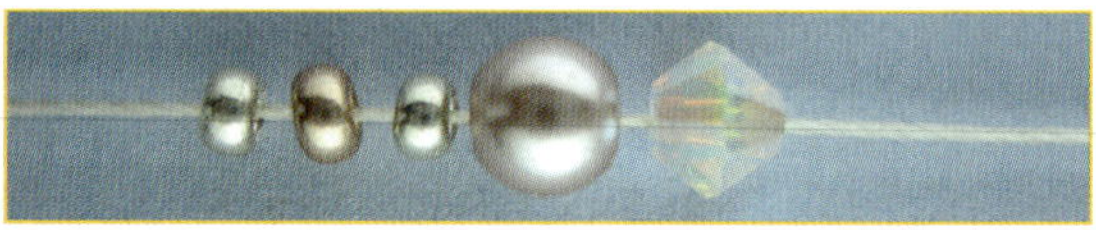

Zeitloser Schick

→ in edlem Silber

LÄNGE

Kette in Silber-Weiß ca. 52 cm
Kette in Altsilber ca. 65 cm

MATERIAL

KETTE IN SILBER-WEISS

- ca. 300 Glaswachsperlen in Dunkelgrau, ø 4 mm
- 1 Dose Rocailles in Kristall, ø 2,6 mm (ca. 17 g)
- 2 Perlkappen in Platin, 2,3 cm lang
- einreihige Schließe mit 2 kleinen Ösen in Platin
- 2 Kettelstifte in Platin, 2,7 cm lang
- Häkelgarn in Weiß

KETTE IN ALTSILBER

- 3 Dosen Delicas in Platin, ø 2 mm (ca. 15 g), oder andere Rocailles in entsprechender Größe und Farbe
- runde Metallperle in Altsilber, ø 2 cm
- 2 ovale Metallperlen in Altsilber, ø 1,8 cm
- 2 runde Metallperlen in Altsilber, ø 1,2 cm
- 10 flache Perlkappen in Altsilber, ø 1 cm
- einreihige Schließe in Altsilber
- dünnes Häkelgarn in Grau

Kette in Silber-Weiß

1 Die Perlen gemäß der abgebildeten Perlenfolge auffädeln, bis alle Glaswachsperlen verbraucht sind.

2 Nach der Anleitung zum Rundhäkeln mit drei Bögen auf Seite 3/4 vorgehen.

3 Gemäß der Anleitung auf Seite 5 einen Abschluss mit Perlkappen und Kettelstiften arbeiten.

Perlenfolge

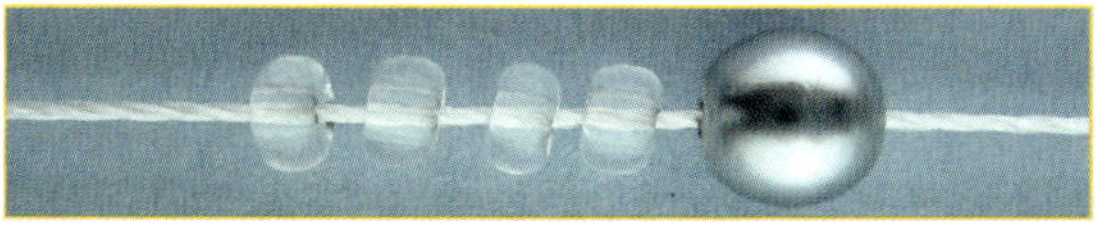

Kette in Altsilber

1 Einen ca. 4,10 m langen Perlenstrang aus Delicas auffädeln.

2 Nach der Anleitung zum Rundhäkeln im Schlauch auf Seite 4/5 vorgehen, mit sieben Perlen in der Runde arbeiten und vier 5 cm lange und zwei 17 cm lange Kettenstücke häkeln.

3 Das Garnende eines kurzen Kettenteils von innen nach außen durch eine Perlkappe, durch die große Metallperle und von außen nach innen durch eine weitere Perlkappe hindurchfädeln und dann mit dem Garnende eines weiteren, kurzen Kettenteils verknoten. Beide Garnenden mehrmals durch die Perle hin- und herführen und vernähen. An beiden Enden zunächst die restlichen kurzen und dann die beiden längeren Kettenteile in gleicher Weise ergänzen. Den Verschluss annähen und die Garnenden vernähen.

Facettenreiches Farbenspiel

→ zeitlos elegante Ketten

LÄNGE
Kette in Grün-Bronze ca. 44 cm
Kette in Kristall-Silber-Hämatit ca. 52 cm

MATERIAL KETTE IN GRÜN-BRONZE

- je ca. 127 Glasschliffperlen in Grün transparent, Chrysolith-Silber und Kristall-Bronze, ø 4 mm
- einreihige Schließe mit 2 kleinen Ösen in Gold
- Häkelgarn in Grün

KETTE IN KRISTALL-SILBER-HÄMATIT

- je ca. 140 Glasschliffperlen in Kristall irisierend, Silber und Hämatit, ø 4 mm
- 3 Glasschliffperlen in Kristall irisierend, ø 1,4 cm
- Knebelverschluss in Platin, ø 1,5 cm
- Häkelgarn in Grau

Kette in Grün-Bronze

1 Die Perlen gemäß der abgebildeten Perlenfolge auffädeln, bis alle Glasschliffperlen verbraucht sind.

2 Nach der Anleitung zum Rundhäkeln im Schlauch auf Seite 4/5 vorgehen und mit drei Perlen in der Runde arbeiten.

3 Den Verschluss annähen und die Garnenden vernähen.

Kette in Kristall-Silber-Hämatit

1 Die Perlen gemäß der abgebildeten Perlenfolge auffädeln, bis alle Glasschliffperlen verbraucht sind.

2 Nach der Anleitung zum Rundhäkeln im Schlauch auf Seite 4/5 vorgehen. Mit drei Perlen in der Runde arbeiten und zwei 7 cm lange und zwei 15 cm lange Kettenstücke häkeln.

3 Das Garnende eines kürzeren Kettenteils durch eine große Glasschliffperle hindurchfädeln und mit dem Garnende des zweiten, kürzeren Kettenteils verknoten. Beide Garnenden mehrmals durch die Perle hin- und herführen und vernähen. Die längeren Kettenteile an beiden Enden in gleicher Weise ergänzen. Den Verschluss annähen und die Garnenden vernähen.

Perlenfolge

Klassisches Rot, verspieltes Rosa

→ ein Blickfang zu jeder Garderobe

LÄNGE

Kette in Altrosa ca. 52 cm
Kette in Rot ca. 1,05 m

MATERIAL KETTE IN ALTROSA

- ca. 97 Glaswachsperlen in Hellrosa, ø 4 mm
- ca. 97 Glasschliffperlen in Kristall-Bronze, ø 4 mm
- 1 Dose Glaschips in Rosa irisierend (ca. 35 g)
- Drehverschluss in Silber
- Häkelgarn in Rosa

KETTE IN ROT

- ca. 24 Swarovski®-Kristall-Schliffperlen in Siamrot irisierend, ø 6 mm
- ca. 50 Glastropfen in Dunkelrot, 5 mm x 7 mm
- ca. 96 Glaswachsperlen in Rot, ø 4 mm
- ca. 48 Glaswachsperlen in Rot, ø 6 mm
- ca. 96 Glasschliffperlen in Dunkelrot irisierend, ø 4 mm
- ca. 192 Glasschliffperlen in Rot, ø 4 mm
- 6 Glasschliffperlen in Dunkelrot irisierend, ø 1,4 cm, oder andere Glasperlen in entsprechender Größe und Farbe
- Häkelgarn in Rot

Kette in Altrosa

1 Die Perlen gemäß der abgebildeten Perlenfolge auffädeln, bis alle Glasschliff- und Glaswachsperlen verbraucht sind.

2 Nach der Anleitung zum Rundhäkeln mit einem Bogen auf Seite 3 vorgehen.

3 Den Verschluss annähen und die Garnenden vernähen.

Perlenfolge

Kette in Rot

1 Zunächst die abgebildete Perlenfolge vier Mal, dann eine große Glasschliffperle auffädeln. Erneut die Perlenfolge vier Mal, eine große Glasschliffperle, die Perlenfolge acht Mal, eine große Glasschliffperle, die Perlenfolge vier Mal, eine große Glasschliffperle und die Perlenfolge vier Mal auffädeln.

2 Nach der Anleitung zum Rundhäkeln mit einem Bogen auf Seite 3 vorgehen. Wenn eine große Glasschliffperle an der Reihe ist, die Garnschlaufe auf der Nadel lang ziehen, in die Perlennadel fädeln und damit durch die große Glasperle ziehen. Die Schlaufe hinter der Perle wieder mit der Nadel greifen, das Garn anziehen, bis eine kleine Schlaufe auf der Nadel liegt und weiterhäkeln.

3 An jedem Kettenende je eine große Glasschliffperle und einen Tropfen auffädeln und das Garn durch die große Glasperle zurückführen. Das Garn durch die Kettenenden ziehen und erneut bis zur Tropfenperle und zurück fädeln. Die Garnenden vernähen. Den Kettenstrang dekorativ verknoten.

Goldene Akzente

→ auf schwarzem Untergrund

LÄNGE

Kette ca. 45 cm
Armband ca. 20 cm

MATERIAL KETTE UND ARMBAND

- 2 Endkappen zum Kleben mit Verschluss in Gold, ø 8 mm
- dünnes Häkelgarn in Schwarz

ZUSÄTZLICH KETTE

- 2 Dosen Miyuki-Rocailles in Schwarz matt, ø 2,2 mm (ca. 14 g)
- 1 Dose Miyuki-Rocailles in Gold metallic, ø 2,2 mm (ca. 7 g), oder andere Rocailles in entsprechender Größe und Farbe

ZUSÄTZLICH ARMBAND

- 1 Dose Miyuki-Rocailles in Schwarz matt, ø 2,2 mm (ca. 6 g)
- 1 Dose Miyuki-Rocailles in Gold metallic, ø 2,2 mm (ca. 3 g), oder andere Rocailles in entsprechender Größe und Farbe

Kette und Armband

1 Gemäß der abgebildeten Perlenfolge für die Kette einen ca. 2,50 m langen und für das Armband einen ca. 1 m langen Perlenstrang auffädeln.

2 Nach der Anleitung zum Rundhäkeln im Schlauch auf Seite 4/5 vorgehen und mit sechs Perlen in der Runde arbeiten.

3 Die Garnenden vernähen. Die Endkappen mit Schmuck- oder Zwei-Komponenten-Kleber aufkleben und gut trocknen lassen.

Tipp: Sie können auch hier mehrere Kettenabschnitte arbeiten und goldene Metallperlen dazwischen einfügen. Orientieren Sie sich dabei an den Anleitungen auf Seite 20, 22 und 32.

Perlenfolge

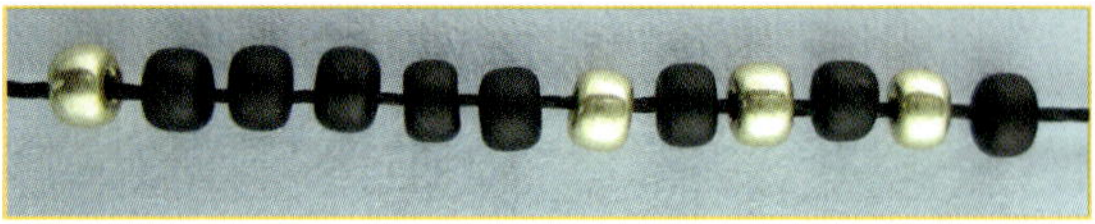

Raffiniertes Rautenmuster

→ Kette in Schlangenoptik

LÄNGE
Kette ca. 44 cm

MATERIAL
- 1 Dose Miyuki-Rocailles in Perlweiß, ø 2,2 mm (ca. 3 g)
- 1 Dose Miyuki-Rocailles in Silber metallic, ø 2,2 mm (ca. 1 g)
- 1 Dose Miyuki-Rocailles in Gold metallic, ø 2,2 mm (ca. 1 g)
- 1 Dose Miyuki-Rocailles in Dorado metallic, ø 2,2 mm (ca. 2 g)
- 1 Dose Miyuki-Rocailles in Nuss metallic, ø 2,2 mm (ca. 2 g)
- 1 Dose Miyuki-Rocailles in Irisgrün metallic, ø 2,2 mm (ca. 12 g)
- 1 Dose Miyuki-Rocailles in Hellcolorado-Topas mit Silbereinzug, ø 2,2 mm (ca. 5 g), oder andere Rocailles in entsprechender Größe und Farbe
- 2 Endkappen zum Kleben mit Verschluss in Gold, ø 8 mm
- dünnes Häkelgarn in Braun

1 Die abgebildete Perlenfolge 18 Mal auffädeln.

2 Nach der Anleitung zum Rundhäkeln im Schlauch auf Seite 4/5 vorgehen und mit sieben Perlen in der Runde arbeiten.

3 Die Garnenden vernähen. Die Endkappen mit Schmuck- oder Zwei-Komponenten-Kleber aufkleben und gut trocknen lassen.

Tipps: Die abgebildete Perlenfolge entspricht einer Mustereinheit. Verhäkelt ergibt sich daraus ca. 2,3 cm Kette. Für eine längere oder kürzere Kette die Anzahl der aufgefädelten Perlenfolgen entsprechend erhöhen oder verringern.

Die Gleichmäßigkeit der Perlen ist hier besonders wichtig, damit das Muster gut zur Geltung kommt.

Perlenfolge

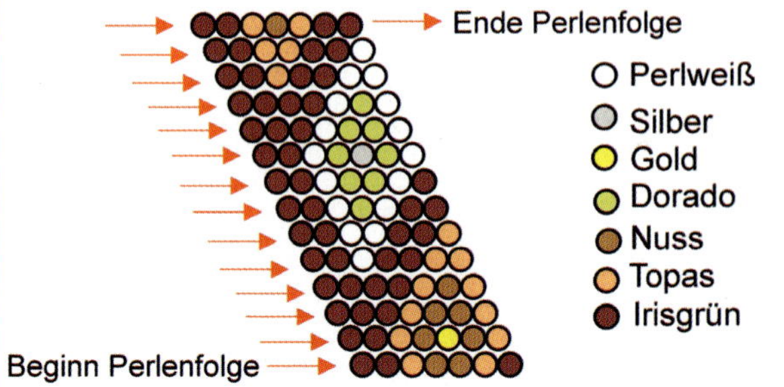

Sommerlich frisch in Blau-Weiß

→ Collier mit passendem Fußkettchen

LÄNGE

Kette ca. 43 cm
Fußkettchen ca. 25 cm

MATERIAL KETTE UND FUSSKETTCHEN

- 2 flache Perlkappen in Silber, ø 7 mm
- Verlängerungskettchen in Silber, ca. 6 cm lang
- Karabinerverschluss in Silber, 1,2 cm lang
- dünnes Häkelgarn in Hellblau

ZUSÄTZLICH KETTE

- 1 Dose Delicas in Weiß, ø 2 mm (ca. 4 g)
- 1 Dose Delicas in Hellblau irisierend, ø 2 mm (ca. 4 g)
- 1 Dose Delicas in Blau irisierend, ø 2 mm (ca. 4 g), oder andere Rocailles in entsprechender Größe und Farbe
- Glasanhänger in Blattform, ca. 6 cm lang, oder anderer farblich passender Anhänger

ZUSÄTZLICH FUSSKETTCHEN

- 1 Dose Delicas in Weiß, ø 2 mm (ca. 2 g)
- 1 Dose Delicas in Hellblau irisierend, ø 2 mm (ca. 2 g)
- 1 Dose Delicas in Blau irisierend, ø 2 mm (ca. 2 g), oder andere Rocailles in entsprechender Größe und Farbe

Kette und Fußkettchen

1 Gemäß der abgebildeten Perlenfolge für die Kette einen ca. 2,50 m langen und für das Fußkettchen einen ca. 1,40 m langen Perlenstrang auffädeln.

2 Nach der Anleitung zum Rundhäkeln im Schlauch auf Seite 4/5 vorgehen und mit sechs Perlen in der Runde arbeiten.

3 Das Glasblatt auf den Kettenstrang fädeln. Die Ketten- und Fußkettchenenden mit den Perlkappen abdecken und die Verschlussteile durch die Öffnungen der Perlkappen hindurch annähen. Die Garnenden vernähen.

Perlenfolge

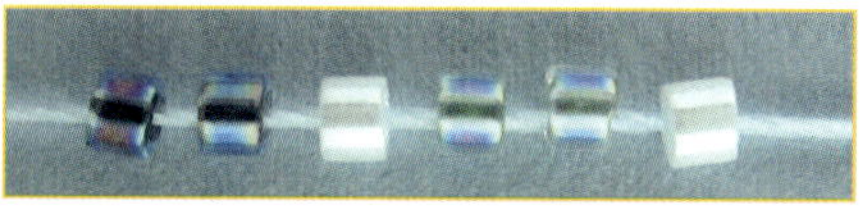

Tipp: Durch den Abschluss mit den kleinen Perlkappen bleibt das Kettenende schön schmal. Ist die Öse des Anhängers ausreichend groß, können Sie diesen nach Wunsch austauschen oder die Kette auch ohne Anhänger tragen.

Zarter Halsschmuck

→ in Rosa

LÄNGE
Kette ca. 43 cm

MATERIAL
- je ca. 116 Glasschliffperlen in Kristall irisierend, Rosa irisierend und Amethyst irisierend, ø 4 mm
- gedrehte Glasperle in Hellrosa-Schwarz, 3 cm lang, oder andere Glasperle entsprechender Größe
- Verlängerungskettchen in Silber, ca. 6 cm lang
- Karabinerverschluss in Silber, 1,2 cm lang
- Häkelgarn in Rosa

Abb. siehe auch Seite 1.

1 Die Perlen gemäß der abgebildeten Perlenfolge auffädeln, bis alle Glasschliffperlen verbraucht sind.

2 Nach der Anleitung zum Rundhäkeln im Schlauch auf Seite 4/5 vorgehen, mit drei Perlen in der Runde arbeiten und zwei 18 cm lange Kettenstücke häkeln.

3 Das Garnende eines Kettenteils durch die große Glasperle hindurchfädeln und mit dem Garnende des zweiten Kettenteils verknoten. Beide Garnenden mehrmals durch die Perle hin- und herführen und vernähen. Den Verschluss annähen und die Garnenden vernähen.

Perlenfolge

IMPRESSUM

Mit freundlicher Unterstützung der Firma Pracht Creatives-Hobby GmbH, Kaufbeuren-Neugablonz.
FOTOS: frechverlag GmbH, 70499 Stuttgart; Lydia Klös (Schrittfotos Seite 3-5 und alle Perlenfolgen); Fotostudio Ullrich & Co., Renningen
DRUCK: frechdruck GmbH, 70499 Stuttgart

Auflage: 5. 4. 3. 2.
Jahr: 2012 2011 2010 2009 [Letzte Zahlen maßgebend]

ISBN 978-3-7724-3699-4
Best.-Nr. 3699